Pierre Musaada Buhendwa Nyamuhara

Dans la Route de la Migration

Pierre Musaada Buhendwa Nyamuhara

Dans la Route de la Migration

Éditions Muse

Imprint

Cover image: www.ingimage.com

Publisher:
Éditions Muse
is a trademark of
International Book Market Service Ltd., member of OmniScriptum Publishing Group
17 Meldrum Street, Beau Bassin 71504, Mauritius
Printed at: see last page
ISBN: 978-620-2-29847-6

Avant-propos

Nous sommes sincèrement heureux des encouragements de nos amis et connaissances, nous ne pouvons pas dire que notre existence a une valeur si votre compagnie cesse de se manifester, nous sommes construit avec les discours très encourageants de votre part Nadine NAZIYOLA, tu as été toujours notre lumière, tu nous as permis de croire à nous même à l'ère de désespoir, tu as accepté de faire confiance et nous construire une assurance. Certes, l'avenir est incertain, mais au travers cet œuvre, tu liras toujours ma gratitude.

Nous sommes aussi très heureux de vous citer dans cet œuvre Neema Ngenda, certes, tu ne cesseras jamais de faire notre attention, tu nous as appris, tu nous as poussé toujours de faire plus, nous avons cru et aujourd'hui, nous avons pu faire une petite œuvre, certes, mais nous ne pouvons pas faire passer cette occasion sans faire paraitre ton nom.

Nous sommes aussi avec vous tous les membres de la famille NYAMUHARA, nous trouvons notre chevalier Imani BUHENDWA NYAMUHARA, Lionel NYAMUHARA et les autres qui sont attaché à notre cœur, Inès Mirindi, Laetitia NYAMUHARA et les reines de notre familles, sachez que nous sommes de bâtisseurs et nous devons le faire.

NYAMUHARA Pierre

EPIGRAPHIE

« Mon âme voyage pour trouver ma strate sociale, alors que ma couleur construisait mon enclos d'intégration malgré mes efforts de satisfaire mon pays d'accueil »

NYAMUHARA Pierre

Dans la route de la migration

Ruiné par la situation de ma résidence, soumis à des conditions non vivable, vivant dans un environnement insalubre, pourchassée par la pauvreté alors que disposant toutes les potentialités de la richesse, gravé par les guerres et la violation de droits de l'homme à ciel ouvert, construit par les espoirs fallacieux de politiciens sans consciences, obligé à suivre les formations académiques sans rendement, ruiné par la faim, les maladies incurables, poussée à la mort par l'insécurité et l'inexistence de la gouvernance, il ne restait que la route de l'immigration, route de la recherche de la survie, route de refuge, route de l'espoir et de la reconstruction, mais elle se construit par la honte et elle finit par la déception.

Sur la route, les insultes, les morts, les Gangs qui nous croisaient sur leurs chemins nous transformaient à des marchandises à vendre, nous avons servi à des boucliers de guerres, nous avons été vendus à de caution pour traverser l'océan, nous avons été des outils de plaisir, nous avons été transformés à des esclaves sexuels, nous avons perdu la valeur humaine, nous avons vu la sauvagerie qui caractérisait l'humanité, nous avons vu les pays qui enseignaient les droits de l'homme nous noyer dans la mer et dans l'océan.

Sur la porte d'entrée, nous avons vu les personnes qui nous disaient de la dignité humaine, ils ont sacrifié mêmes enfants pour protéger leurs intérêts économiques, nous avons vu toute une population sacrifiée pour raison de protéger les intérêts économiques, les terrorismes revenaient sous plusieurs formes avec les idéologies variées, pour raison de manque de la satisfaction de la population.

Chapitre premier : la ruine du migrant

Alors que disposant la capacité de vivre, disposant d'une identité, je suis né avec l'espoir de trouver l'honneur, soumis à la formation pour disposer de capacités de production, trouver les capacités de faire aussi l'espoir de l'avenir, j'ai suivi la formation comme l'exigeait mon pays, soumis à l'école maternelle durant quatre ans, avec les peines de me réveiller dans la boue, sous la pluie, sous le froid, je ne pouvais pas dire non, je croyais à la fondation de mon avenir, je croyais au chemin de la réussite, je ne pouvais pas passer autre, je trouvais déjà le chemin de mon passage dessiné, je ne pouvais pas dérober, il s'agit d'une obligation familiale et sociale, il s'agit du chemin pour tout le monde, à ce prix aussi lourd et cher s'augmentait les sacrifices financiers qu'il fallait faire dans la famille pour payer l'école, payer le transport et la collation de chaque jour, les sacrifices pour la mobilité d'un adulte qui va m'amener jusqu'à l'arrêt pour prendre le transport, mais l'Etat qui demandait l'impôt sur mon revenu dans le futur, il ne faisait rien, ni les infrastructures, ni les conditions de sécurité, ni la règlementation de transport, je construisais mon espoir de trouver un avenir, je savais trouver l'avenir avec ce chemin, je trouvais le chemin de ma fondation, je trouvais bon de faire croire au chemin préétabli, à la fin de l'école maternelle, un chemin de l'école primaire était déjà sur le plan de mon parcours, ces plans était établi par les politiciens démagogues, ils prétendaient que la formation assurait la survie, mais ils oubliaient qu'il faut un investissement qui va accueillir les formés, m'inscrivant dans leurs philosophies, j'ai suivi l'école primaire, les exigences de se réveiller très tôt, la capacité de prendre mon temps de jeu au temps d'étude, les sacrifices de rompre mon sommeil et prendre le bain très tôt, faire les sacrifices de finances, pour arriver à payer les enseignants, le cout de transport pour arriver à l'école à temps, je ne trouvais plus la sécurité financière de la famille garantie, je ne savais plus prendre mes joués à causes de sacrifices qu'il fallait faire pour garantir ma scolarité, le nombre des repas mis en baisse à cause du cout de cette formation, je ne savais plus prendre mon temps de suivre les dessins animés car les devoirs scolaires me faisais l'obligation, je ne savais plus prendre mon ballon car il fallait dormir pour me réveiller et faire les devoirs.

A ce prix de l'école primaire, il faut encore six ans de peine pour l'école secondaire, d'autant que le niveau augmentait, d'autant que les sacrifices aussi augmentaient, il fallait commencer à se réveiller à cinq heure, faire des sacrifices pour les finances en réduisant même les luxes à nos parents, ils ne pouvaient plus s'acheter les habits, les voitures et voir même la réhabilitation de la maison en meuble, il fallait mettre la priorité sur ma formation, construire mon espoir, faire naitre ma confiance, mais un chemin sans garantie fondée sur les espoirs ruinés par les politiciens, des promesses fallacieuses, aspirés et inspirés par un modèle vieilli et ruiné par la démagogie, le chemin ne se construisait que par les sacrifices chers, non rentable et exigeant l'école secondaire et humanitaire coutait six ans, plus le huit ans de l'école primaire et maternelle, l'espérance de vie était consommée à la moitié à l'école.

Aux prix de l'école maternelle, l'école primaire, secondaire et humanitaire, il faut un cout forfaitaire pour faire l'université, ce prix forfaitaire exigeait plus du temps, il faudrait cinq ans, il faudrait faire un temps de neuve heure à l'école chaque jour, à ces sacrifices, il faut un maximum financier, alors que ruiné par les pauvretés, les familles se trouvaient dans la compétitivité pour former leurs enfants et construire un espoir d'avenir, mais ces familles vendaient les concessions qu'elles possédaient, elles vendaient leurs maisons d'habitation avec un espoir que leurs fils et filles aussitôt finir la formation académique, ils vont trouver un travail rentable et financer les logements pour leurs familles, mais construit sur les promesses fallacieuses de politiciens, ces familles se trouvaient avec des dettes, à la sortie à l'université, les familles ne trouvaient pas la capacité de se loger, les enfants qui finissaient les formations universitaires, ils ne trouvaient pas le travail, ils finissaient par les drogues, les chanvres, l'ivrognerie, les diplômes moisissaient dans les maisons, les diplômes ne produisaient plus, je ne trouvais plus l'utilité de mes sacrifices traversées pour ma formation, je ne trouvais plus la raison d'investir dans la formation, j'ai fait les courses sur les offres d'emplois, je fais la course à l' informelle, je naviguais sur la route pour faire la banque mobile, je vendais du vent, je savais plus trouver manger après mes années de formation académique, j'ai fait plus de dix-neuf ans de formation, pour trouver à manger, il faudrait encore faire course à la famille, pour me vêtir, il faut faire recours à la famille, je ne savais pas même me vêtir sans que ma famille intervienne, le rendement de mon diplôme était aussi nulle, un investissement sans rendement, je me trouvais vraiment dans les rouge.

L'égoïsme qui caractérisait mon environnement social faisait notre mal pour trouver un travail, il faut avoir les relations de fraternités avec les politiciens, les services d'emploi de l'Etat n'affichaient jamais les demandes d'emplois, les jeunes dansaient pour obtenir la promesse, même à une fausse idéologie, les souffrances s'agrandissaient, les filles qui étaient nos amies se mariaient sous nos regrets, j'ai vu perdre notre honneur, j'ai manqué la porte de sortie, je partais à la recherche de petit contrat, mais hélas, ces contrats ne se donnaient par compétence, il fallait faire course à la fraternité, il faut avoir la bénédiction d'une relation personnelle, la qualité du travail ne faisait plus l'objet de la sélection, la fraternité passait déjà avant la qualité et l'expertise.

Vivant dans un environnement pollués par les multinationales, je ne faisais que respiré la gaz, je mangeais le gaz, je ne savais pas faire face à l'odeur nauséabonde, je ne savais pas faire l'église, ni l'école sans que je sentais l'odeur de ces usines importés et dont les produit ne se jouissait dans les métropoles, je restais victimes des éco-crimes observées par les puissances qui nous chantaient le changement climatique, alors qu'ils étaient les provocateurs de ces changements, ils nous interdisaient à exploiter ns parcs, alors qu'ils gardaient toujours leurs centres nucléaires, à chaque élections dans leurs démocraties, chaque candidats paraissait être l'exemple de l'écologie, mais arrivée au pouvoir, il trouvait une justification de mettre aux prochaines échéances électorales les reformes nucléaires, l'exemplarité ne pouvait faire que des pays tiers, nos pays dont la souffrance était déjà notre mode de vie, il fallait nous exiger à faire des sacrifices pour protéger le monde, il fallait nous priver de la vie pour donner la vie à l'humanité, mais ces efforts devaient aussi venir par la règle de pollueur payeur, mais hélas, ces enseignements ne restaient que des slogans, nous observons des rivières pollués par les usines d'exploitation des minerais, de pétroles, d'autres exploitations.

Vivant dans un environnement insalubre, avec les maisons primitives, sans une capacité d'accès à l'eau potable, les familles se réveillaient à minuit pour aller chercher l'eau, les autres étaient violées dans la quête de la recherches de l'eau, les autres trouvaient les maladies contagieuses, les autres mouraient à cause de cette cause quête nocturnes, la mort faisait le quotidien de jeune filles qui partaient chercher de l'eau.

Les routes étaient impraticables, les infrastructures quasi-inexistantes conduisant à la pauvreté, les ruines de la production qui sortaient dans travaux champêtres, la mort de nos efforts, réduit au solde de nous-mêmes, je ne voyais pas un chemin de sortie, je trouvais le marché des bois, les marchés des pierres pour survivre, mais hélas, mes études moisissent toujours dans l'armoire, je ne trouvais pas le chemin, je savais pas la route de la sortie, je trouvais un espoir perdu pour ma nation, je trouvais le seul chemin qui assurait la confiance, elle était la route de l'immigration, la route qui pouvait donner les écoles avec assurance du travail, les écoles acceptés aux normes du travail international, mais cette route aussi était exigeante que je ne pouvais même pas avoir l'assurance d'arriver dans les pays d'eldorados, les pays de la vie, les pays de la construction de l'espoir.

Avec un niveau de la pauvreté trop considérable, les familles frappées aux maladies de mal-nourris, les maladies, les morts par les maladies incurables et curables obtenues par les maladies, les détournements, les vols, la surfacturation de l'Etat, la pauvreté était déjà un mode de vie, la naissance de la conscience responsable tardait, les concitoyens protégeaient la vie, alors qu'ils n'avaient pas cette vie, la souffrance faisait que les gens se pendent, les autres mouraient avec les maladies curables à cause de la pauvreté car ils n'avaient pas les moyens de se faire soigner, ils cherchaient la santé dans les herbes, les autres dans les chambres de prières à cause de la pauvreté, la situation qui restait portait sur la route de l'immigration, la route de la recherche de la santé, la route de la recherche de la nourriture, de l'habillement et du logement, l'espoir d'obtenir solution chez nous disparaissait, il fallait donc trouver un chemin qui apporte la solution, un chemin qui permet la guérison, un chemin de la solution.

La pauvreté qui occupait déjà un niveau inacceptable, la famille à huit personnes vivait avec un revenu de zéro point trois dollars Américain, cette pauvreté qui conduisait au suicide, cette pauvreté qui conduisait à la migration, cette pauvreté qui conduisait à la prostitution et l'obtention du Sida, cette pauvreté conduisait à la violence, les groupes armées naquirent, chaque village aurait son groupe armée pour avoir une revendication à la table de partage de la richesse, les familles se battaient par les armes, les conflits de limitent parcellaires se réglaient avec les armes, les notions qu'on apprenaient aux enfants revenaient les armes, l'obtention d'un groupe armée dans votre coin garantissait déjà la fin de la pauvreté, les autres qui ne trouvaient pas les armes pouvaient même se les vendre dans les villages, les armes se distribuaient déjà comme le corps de Christ à l'Eglise, la violence faisait sa reine, les femmes dont leurs familles n'avaient pas assez des jeunes militaires étaient les victimes, elle voyaient leurs organes génitales être violentés, les autres subissaient même les couts de dix hommes.

La violence était aussi un refrain que l'ensemble de la jeunesse trouvait comme valeur, les familles se vantaient déjà en ayant un enfant violant, la violence caractérisait déjà l'avoir, pour obtenir, la voix pacifique ne donnait plus les résultats, pour être aligné, il faut augurer la crainte, il faut faire peur, il faut montrer la capacité de nuire, les violeurs et voleurs étaient les promus de la fonction publique, les promus de l'armée, les promus de la classe politique, de ce fait aussi les nobles de la société, la confiance de la gloire disparaissait pour la compétence, la voix de la promotion restait la violence, la succession de la violence s'observait, la construction de l'avenir ne se trouvait plus dans les débats, les esprits achetés séduisaient les esprits ayant la valeur d'éthique avec le niveau de jouissance qu'ils présentaient, voiture de luxe, maison de luxe, autres biens de luxes, car seulement leurs fraternités auraient manifesté un esprit de violence, disposant d'un groupe armé, la construction d'espoir se vidait, il fallait la route de la survie, la route de l'immigration, la route de la mort, la route qu'il fallait traverser le désert avec les pieds et l'océan avec les jambes.

Cette violence qui faisait déjà le mode de vie versait le sang, la violence faisait des morts, ces sangs étaient l'encre de stylos qui nous permettaient à écrire dans les salles classes, nous ne faisions qu'écrire avec sang de nos collègues qui tombaient chaque soir, nos stylos ne se séchaient pas car chaque soir, on dénombrait au moins une mort, soit tué parce qu'il cherchait à s'inscrire dans le club de violents, alors qu'ils ne disposait pas la carte ou jeton d'entrée, la violence s'achetait déjà au marché, les uns pouvaient payer certains individus pour obtenir la mort d'autres, les cadavres devant nos salles de classes pour nous permettre à dire les derniers hommages aux tués par la violence qui caractérisait déjà notre milieu de vie, les cris de la mort se sentaient à chaque réveille et couchée du soleil, l'horreur, la fureur étaient déjà notre quotidien, il n'avait plus la porte de sortie, il n'avait plus l'espoir de la survie, il n'avait plus le chemin du demain, seulement l'immigration restait notre passage de sortie.

A cette violence naquit une démocratie fallacieuse basée sur les promesses fallacieuses, la population ruinée par cette force de violence, elle ne faisait que danser pour les tireurs de corde, qui par l'argent obtenu dans la violence pouvaient acheter la population, les démocraties qui se disaient étaient non idéologique, mais elles reposaient sur les corruptions, les violences entre les candidats, les fraudes organisaient par les instances d'organisations des élections, les noms des élus étaient connus avant la tenue même de l'élection, la constitution d'une force électorale ne se faisait même plus par la volonté du peuple, mais par un mascarade observé dans les urnes, alors une population prise en otage, les volontés de la population ne se tenaient plus à compte, il restait seulement l'expression de cette impérium dictatorial issue de la violence et de la bourgeoisie du sang.

La scolarisation qui était un chemin de l'égalisation restait un souci dans l'ensemble de la population, les familles qui vendaient leurs habitations pour scolariser leurs enfants, ils trouvaient alors que le pari était perdu d'avance, la composition de croire à la construction de l'avenir ne se faisait plus, les structures de formations revenaient à des centres d'escroquerie, les jeunes qui payaient la scolarité pouvaient voir leurs diplômes moisirent dans les armoires, les charmes de la scolarisation cessaient dans la majorité de la population, le rendement manquait avec les diplômés, les rendements manquaient avec les formations, les désirs d'entreprendre naissait, mais les freins venaient de l'accès aux emprunts, les jeunes qui pouvaient être porteurs des initiatives ne trouvaient pas le fonds pour lancer leurs business, le diplôme mourait dans les mains de détenteurs, il ne restait que la route de la migration, il ne restait que la voie de sortir et aller dans les pays porteurs de l'espoir.

Ruiné par la faim, les injustices de la gouvernance, les marchés publics ne se donnaient plus sous normes, les marchés publics se donnaient par la fraternité, ces marchés acquis par la fraternité finissaient à surfacturer l'Etat, ces qui permettaient les inégalités dans la population, la pauvreté extrême envers la population qui supportait cette charge, les bénéficiaires de ces marchés devaient aussi riche, voir même extrêmement riches, conduisant donc à la ruine de toute la population, cette gouvernance de la fraternité ne se limitait pas seulement au marché public, mais aussi à la fonction publique, pour obtenir un poste, il faut avoir un frère, la compétence ne faisait plus l'ordre de recrutement, la fonction publique de nos pays devinrent les fonctions obliques, les capacités de faire la promotion de la compétence est la scolarité était envoyé au calendaire grec, ruiné donc la fonctionnalité et l'espoir de l'Etat.

Dans cette architecture de la frustration, les entreprises publiques restaient de succession sur l'héritage de familles, les jeunes qui finissaient les études ne savaient pas le chemin à prendre, les uns croyaient que leurs destins étaient écrits avant leurs naissances, les autres croyaient à la malédiction, alors qu'il s'agissait de la mort de la gouvernance, la mort de la promotion d'une philosophie qui permet la construction de la repartions de la richesse, un dicta imposé aux peuples, alors que cette population criait, elle gémissait, elle manifestait, elle pleurait, elle ne trouvait pas la loi de la sortie, elle pleurait, elle migrait, elle mourrait en se noyant, elle mourait sur la route dans la quête du bonheur sur le chemin de la migration.

Construits avec les capacités d'architectes, d'informaticiens, d'écrivains, d'une classe d'élite, ils cherchaient toujours le chemin pouvant permettre le bonheur, jouir de connaissance qu'elle dispose, mais freinés par les hostilités d'absence d'investissements, d'accès aux crédits pour monter leurs entreprises, cette classe migre, avec une capacité de produire, d'apporter une main d'œuvre, immigrant pour la quête du bonheur, jugés de fuir leurs pauvretés, leurs misères, ils ne sont pas pris en considération, sans un droit du travail les protégeant, alors ils sont injuriés, ils sont humiliés, alors qu'ils apportent un surplus sur la production des pays d'accueil, ils jouent dans les terrains de football pour apporter la joie, ils sont injuriés et traités comme de chancelants qui veulent bénéficier des avantages d'autres peuples, des parasites qui viennent bénéficier les sacrifices d'autres peuples, alors qu'aussi produit de sacrifices avec la route de la migration, la route du voyage du bonheur, soldé par les insultes, les humiliations, l'injustices, la xénophobie et la ridiculisation.

Connaissant moins les vérités de leurs voyages, ils mouvaient, ils ont hérité les migrations de leurs ancêtres, mais plus de deux millénaires, ils n'ont pas encore été acceptée, critiqué, traité de drogués, ils sont considérés comme des groupes de voleurs, des mendias, de voleurs, alors qu'ils disposent des entreprises, de parts dans l'économie, mais toujours traités au rabais, à moindre valeurs et des personnes disponibles pour nuire.

Cette marginalisation n'était pas basé ni sur la couleur, si les uns étaient mal traité à cause du pigment de peau, les autres étaient marginalisés à cause de leurs religion ou leurs tailles, les efforts apportés ne comptaient, la souffrance de leurs origines constituait toujours deux millénaires la cause de la sortie dans leurs milieux d'origines, fouillant leurs sorts, ils ont été toujours attrapés par l'histoire, dans la route de la migration, ils ont été traité à des terroristes, des criminels, mais à la recherche du bonheur, ils étaient déjà à la porte de tout chemin pour la survie.

Chapitre deuxième : la honte de la route

Humilié par la situation de son pays, marginalisé par l'espoir de l'avenir avec des programmes des promesses fallacieuses des politiciens, qui lors de la recherche du mandat politique, ces politiciens au sens de l'Autriche, ils se transforment en herbivores, alors que carnivores, les populations victimes et aussi acteurs de cette situation par des fractures régionalisées ont détruit les valeurs qui pouvaient imprimer la construction de l'égalité de la répartition de la richesse de l'Etat. Cette situation a entrainé des inégalités qui ont conduit à des révolutions, les arrestations, les morts, les viols et violences dans la population qui pouvait chanter les slogans du changement, mais au prix statique de la situation, il ne restait que la route de la migration, la route de la recherche du bonheur.

Dans la recherche de la porte de sortie, il fallait tout abandonner, il fallait tout vendre, même la considération identitaire, de sorte que sur la route, soumis à la loi de la foret, je traversais les désert à pieds, les sueurs, les larmes, les maladies , je trouvais aucune pitié, les autres me disaient même de prendre la mort si je trouvais impossible de continuer, conscient de ma souffrance dans le pays de mon identité, je trouvais obligation de poursuivre la route de la survie, vendu aux plus offrants car devenus marchandises à conduire, j'arrivais dans les cavernes dont ma personnalité n'avait même pas le sens, je ne savais pas me suicidait, mais je voyais que la mort importé à la situation de mon passage dans le désert, on me livrait aux vendeurs de l'esclavagisme sexuel, transformé à un fonds de commerce, je payais ma souffrance, j'achetais ma honte, je ne savais pas y renoncer car ma considération identitaire aurait disparu avec la nature de mon environnement identitaire.

Maltraité par la pollution importé, avec les odeurs nauséabondes, humilié par le chômage alors que mon villages était déjà un site industriel, souffrant de la maladie radio active liée à l'industrialisation de mon village, écarté à cause des programmes inadaptés de ma formation, éloigné du système éducatif de mon identité, je voyais une forme d'humiliation, de la honte qui entourait mon identité, lors du voyage, alors qu'hospitalier envers ces industries qui venaient prendre nos potentialités, exploitants les sols par les plantations des plantes industrielles, ces plantes produites n'étaient consommés que dans un autre ciel, alors dans ma route de la recherche de survie, je trouvais seulement les mépris de ces Etats possesseurs des entreprises dans mon village, dans mon identité, conscient que les bonheurs qu'ils vivaient dans leurs pays étaient originaires de notre pays, ils trouvaient bon de nous envoyer les bateaux dans l'océan pour nous écrouler afin que nous traversions pas, pour n'arriver dans leurs pays.

Arrivée au port, nous avons vu des messages qui nous injuriés, nous avons vu les citoyens qui se disaient alors respectueux de droit de l'homme chantaient la violation de ces droits, soumettaient les enfants qui venaient avec nous à des mesures drastiques de vivre dans la foret, parce qu'ils craignaient seulement aux intérêt économiques qu'ils croyaient perdre, mais ils oubliaient les avantages économiques avec lesquels nous venions, de formation technologiques, des ingénieurs, des écrivains, des footballeurs, alors sur terrain, ils chantaient gloire et félicitation à l'équipe nationale, alors que cette équipe qui aurait gagné la coupe du monde était en majorité composé des immigrants, mais lors de l'accueil, stigmatisation et xénophobie, ces valeurs qui donnaient fierté à l'Etat d'accueil par les immigrants n'étaient pas évaluées pour faire un bilan de l'apport de migrants, dans les constructions adaptées, ces valeurs pouvaient donner la nouvelle manière d'accueillir les immigrants.

Obligé à vivre les maladies des usines et industries dont les bénéfices se partageaient dans les métropoles sans effets retours, alors aux prix de ces maladies je subissais aussi les déchets produits par ces usines, infiltrant dans l'eau que je buvais, déposé devant la maison de ma résidence, subissant les odeurs nauséabondes des usines de traitement de déchet qui se trouvaient nos loin de mon école, non loin de mon église, je ne trouvais pas comment m'en sortir, impuissant car ces multinationales pouvaient acheter l'ensemble de décideurs de notre gouvernance, même mes amis qui vivait mon club d'environnement ne pouvaient pas faire face devant quelques billets de dollars, il ne restait que la route de l'immigration, la route de la survie, la route du salut, à l'arrivée, je trouvais les personnes qui m'accueillaient me traiter d'apporteur des ordures, ils oubliaient les déchets d'ordinateurs qu'ils envoyaient aux ongs et autres structures en termes d'aides, alors qu'ordures dont ils n'avaient plus l'endroit où ils devaient les jeter.

Alors, à l'accueil, je trouvais difficile de lire les recueils de la protection de l'environnement que ces vedas citoyens nous imprimaient pour les pactes climatiques, les engagements qui se prenaient dans les réunions et forums de chefs d'Etats qui étaient imposable aux pays qui bénéficiaient l'aide au développement, alors que les pays grands pollueurs ne se trouvaient pas apporteurs de leurs engagements, les victimes des épidémies liées à ces pollutions étaient toujours les population victimes de la puissances industrielles, les véhicules aussi polluants étaient envoyés dans nos régions pour y mourir, alors les moustiques, les autres épidémies accompagnées toujours ses expériences qui venaient pour test dans les villages de mon identité. Il ne restait que la route de la migration, la route de la survie, la route de la recherche de l'honneur, la route de la renaissance sociale.

Vivant sur les pierres qui fabriquaient les ordinateurs, les laboratoires de la médecine moderne, nous ne restions qu'à étudier sur les bois, sur les murs à paille, nous faisions que nous soigner par les herbes, mourant des épidémies , alors que nous étions les fournisseurs des herbes qui constituaient les vaccins, nous avons vécu un taux de mortalité les plus élevé du monde, avec une souffrance atroce, mal nourris, nous avons vu les terres arables nous entourés, mais les produits agricoles pour notre alimentation venaient dans les caisses pour importation, nous avons acheté ces produits aux prix aussi élevé, parfois moins cher pour faire mourir notre agriculture et nous soumettre au chômage, exportant les cotons et les bleus, mais les habits pour mon habillement venaient dans les véhicules pour mon habillement, croyant à l'exportation du chômage de ces pays industrialisés, je ne restais qu'avec la voie de l'immigration, la voie de la survie, les exportateurs de ces habits qui touchaient un salaire aussi plus élevé, il me traité d'un paresseux, alors qu'ils ont importé mon immigration en exportant leurs chômages par les produits fins dans mon village, ils ont importé mon immigration en décidant de m'imposer les produits bio-botaniques à consommer.

Important les poissons, alors que les lacs qui nous entourent disposent des potentialités des pêches, mais privés de la technologie adaptée à mon environnement de pêche, alors je trouvais les prix des produits aquatiques aussi venir sceller ma pauvreté, ruiné par la position de mon pays, la loi de l'exploitation minière était forcée par les armes si les chefs de mon village pouvaient refuser l'exploitation dans un village, alors je ne trouvais pas la voie de la sortie, il ne restait que l'immigration, imposé par les pays de mon accueil, à l'arrivée sur leurs frontières, ils chantaient les chansons hostiles contre moi, alors qu'ils étaient responsables de mon immigration.

A la recherche mes minerais et autres matières premières, ces pays industrialisés pouvaient organiser même de guerre pouvant délocaliser un village afin d'obtenir les exploitations, même pour l'expérimentation des armes, ils pouvaient faire tuer même un village pour trouver le marché pour leurs armes, ils coopéraient même avec les organisations non gouvernementales qui trouvaient que la violence était la source de leurs financements, alors la violence naquit, les morts se comptaient en millions, la chair humaine se trouvait dans la rue, les régimes politiques qui gouvernaient dans nos villages venaient de la violence, de cette violence, chacun imprimé sa position, la richesse fabriquée sur le sang, les violences restaient l'expression d'accéder au pouvoir et jouir de la richesse nationale.

Cette violence politique imposait sa marque, cette violence politique accroissait les inégalités, alors que cette violence étaient entretenues par les puissances afin de consolider l'exploitations de la matière premières, les minerais, nous imposaient la consommation des produits bio-botaniques qui étaient produits par les exploitations de ces puissances par les violences qui empêchaient nos villages à produire, alors de cette violence, les courant conservateurs naissaient dans ces puissances qui montraient que les immigrants étaient les fardeaux aux peuples de ces puissances, alors hués, humiliés, les immigrants trouvaient déshonneurs et marginalisés.

Cette humiliation accrue sur les lieux de travail, sur le terrain de football, les atrocités commises par la polices avec les mesures discriminatoires basées sur la couleur de la peau, sur la religion, sur la taille, la police tuait sans réserves les immigrants, la polices arrêtait arbitrairement les immigrants par raison de la couleur de peau, par la religion et par la taille, mais lors des actions terroristes, alors que ces immigrants étaient traités comme terroristes et drogués ou vendeurs de drogue, alors ils étaient aussi offreur de la charité et de l'implication de la survie de ces pays d'accueils, mais au prix de leurs sang, ils ne trouvaient pas con sidération.

Ruiné par la faim, les mangers devenaient un luxe que je ne pouvais plus trouver dans ma route de mobilité, je ne savais plus faire même les mangers, je ne trouvais plus même la grâce de trouver la mauvaise qualité de la nourriture qui existait dans mon pays identitaire, je ne trouvais pas la charité des sénégalais, ni de libyens et tout autre qui faisaient les business de nous faire sortir, je sentais l'absence de l'humanisme, je sentais la mort venir avec la faim, mais je croyais toujours qu'il ne restait que le chemin de l'immigration pour refaire la strate de ma famille, je croyais que seulement l'immigration qui apporterait la santé dans ma famille, seule l'immigration qui permettrait la scolarisation meilleure pour ma famille.

Avec les comportements de nos bourreaux que nous avons croisés dans les déserts, les femmes avec qui nous avons décidé de faire la route de survie, les violences sexuelles, les viols, nous avons croisé une catégorie de diablesses qui traitaient leurs Co humains à des esclaves sexuels, malgré leurs cultures musulmanes, les actions qu'ils posaient faisaient croire à des revenants, la mort était aussi louable, mais aussi voué à la réussite, nous ne pourrions plus faire un retour, il fallait toujours avancer pour parvenir à construire une assurance de la survie.

A la situation, les maladies aussi tuaient sur la porte des pays d'accueils car à la porte, nous avons été écartés, éloigné de leurs concitoyens pour freiner les maladies avec lesquelles nous sommes venus, mais la vérité, il s'agit de nous freiner pour rater les profits de leurs économies, dans les camps qu'ils nous stockaient mort et maladies survenaient, alors nous avons connu la honte, l'humiliation et la destruction de l'image de notre identité, nous avons été traité à des vulnérables qui cherchaient la charité d'autres peuples.

Chapitre troisième : la vérité des pays d'accueil

Arrivée dans l'espace de notre croyance, arrivée dans notre eldorado, nous avons vu d'abord une vérité contraire aux idées des droits de l'homme que ces pays d'accueils nous enseignaient, les idéaux qu'ils venaient prêcher pour la valorisation de la femme, ces valeurs ne faisaient pas parties majoritaires de leurs vies, nous avons trouvé qu'il existait même certaines cultures qui permettaient la cogestion avec la femme en Afrique avant l'arrivée des idéaux féministes, nous avons vu l'importance qu'avait la femme du roi dans certains royaumes en Afrique avant l'arrivée des idéaux de la sensibilisation occidentale.

Le droit de l'enfant, nous avons vu à l'accueil, les écoles du droit de l'enfant se fondre à cause de nous car les enfants avec lesquels nous étions venus, ils ont été avec moins d'intérêt, alors nous avons compris qu'au prix des intérêts économiques, l'école de droit s'écroule, alors de cette réalité d'accueil, nous avons compris que la route risque d'être ride, l'espoir de vivre paris, l'espoir s' amoindrissait, nous avons compris que l'injustice aussi se verrait dans notre zone d'immigration, nous avons compris que l'injustice se manifestera aussi dans notre zone de migration, la souffrance risque aussi de se prévaloir dans notre nouvelle identité de migration.

Arrivée dans les pays d'accueils après que nous ayons subi notre baptême de feu dans la route de voyage et sur la porte d'entrée, sur nos lieux de recherches de la survie, ces pays d'accueils qui profitaient de notre connaissance, notre expertise, notre savoir-faire pouvaient nous empêcher à obtenir les papiers qui nous autorisent à trouver un travail de survie pour donner plus de chance à leurs concitoyens même si nous disposions plus de compétences plus que les citoyens d'origines, nous avons trouvé que la valeurs de notre travail était greffée d'une discrimination de nos origines, même nos productions artistiques, nos livres, nos musiques étaient pris avec une faible considération dans les maisons de production comparativement aux œuvres de nationaux.

Dans les milieux de travail, de formation, de restauration, nous avons trouvé que pour obtenir, il faudrait que les personnes qui fréquentent les lieux puissent venir te toucher sur la peau et voir s'il n'existait pas une couleur qui risque de sortir sur toi, une humiliation sur le lieux de travail qui montre que seulement la foret qui serait réservée aux personnes de couleurs, la honte sur quiconque qui te fréquenterait, la honte sur les personnes qui présenteraient la sympathie à ton égard.

Dans les raides de la polices, s'il s'agit d'une personne de couleurs dans ce pays d'accueil, il faut voir le terrorisme, le drogue, la fraude, les voleurs, alors que la suprématie blanche s'installait, il naquit une nouvelle discrimination de la religion, il suffit que tu aies la tête couverte pour être jugée directement du terrorisme, les pays qui nous prêchaient la laïcité de l'Etat étaient les modèles de la ségrégation culturelle, au prix d'avoir la survie, il fallait vendre l'honneur, accepté d'être traité à un être faible, un être de seconde valeur pour parvenir à changer sa strate et donner une nouvelle valeur à ses origines, soignée la maladie de la pauvreté que la gouvernance de nos pays identitaire ont soldé.

Dans le travail, il existait des violations graves du droit du travail, plus souvent les salaires étaient sous traités, les individus blancs pouvaient prendre un groupe des personnes, hommes ou femmes et les utiliser avec un sous salaire, avec l'absence même d'un cadre de revendication, les pays d'accueils ne pouvaient même pas s'interroger sur les disparités des immigrants, mais mon objectif était de recoudre ma strate, faire naitre l'honneur pour ma composition et donner aussi fierté à ma famille, j'acceptais toutes ces humiliation, ces violations de droit, car personne qui peut savoir danser chez autrui.

Sur terrain de football, alors que nous apportions les victoires, mais il arrivait qu'ils jettent sur terrain les bananes pour nous dire que nous sommes de singes, nous avons vu alors que les joueurs de couleurs et immigrants constituaient l'honneur et les victoires pour leurs équipes, nous avons été traité à moindre valeur, même les pays dont les immigrants constituaient plus de soixante pourcent de l'effectif de leur équipe nationale, ils ne nous traitaient pas avec considération, nous avons vu des insultes dans les places publics, alors qu'ils nous enseignaient les droits et les libertés, mais nous ne trouvions pas les personnes qui prenaient notre position.

Les morts des immigrants ne faisaient pas une interrogation, les autorités justifiaient qu'il s'agissait d'un vol qui aurait mal tourné, alors que la police tuait les immigrants, il suffit que tu sois immigrants pour que tu sois traité d'un vendeurs ou consommateurs de drogue, les morts survenaient devant la porte des autorités, nous pourrions pas même pleurer nos victimes, la suprématie blanche se manifestait sur les rues, nous avons vu même dans la sortie de classe, les enfants de couleurs être traité à des singes par les autres sans qu'ils aient subi des sanctions, les morts étaient une habitude déjà qui caractérisaient la vie de notre chaque jour.

Les gangs qui vendaient les drogues ne pouvaient venir que dans la masse d'immigrants, alors que les nationaux étaient les détenteurs des plusieurs bordelles dans lesquelles les drogues se vendaient, alors les immigrants étaient poursuivie de la consommation et de la vente, les gangs qui distribuaient même la drogue étaient constituaient par les hommes d'affaires nationaux selon les enquêtes de la police, alors les immigrants étaient index toujours, mais comme personne qui connait danser chez autres, alors il fallait toujours faire porter les chapeaux aux immigrants.

Présentant un nombre des votants, alors nous avons été transformés à des boucliers politiques, chaque candidats qui cherchait à devenir président, il cherchait à montrer sa sympathie avec les immigrants, il pouvait même mettre un ministre venant des immigrants pour nous faire croire que lui a un intérêt, il peut écrire une politique d'immigration qui nous donne assurance, à la victoire, il devient aussi plus dur que les autres. Il applique la politique discriminatoire, il plonge notre la classe d'immigrants dans la douleur, la discrimination, la violation des valeurs humaines, la mort de la conscience, mais pour racheter ma souffrance, je ne pouvais pas me faire, il fallait porter cet océan d'insulte, d'humiliation pour racheter ma strate, pour refaire mon identité, pour assurer l'avenir à ma famille, à mon clan, à mon avenir et construire une assurance à mon avenir.

Pour pouvoir attraper la curiosité d'immigrants, soit le ministre des affaires étrangers, soit le ministre de la communication doit venir d'immigrants pour fabriquer la souffrance de nos pays identitaires par quelqu'un qui aurait sorti de ces pays, pour négocier avec les talibans, il faut envoyer un taliban, mais il a même discours qu'il va prononcer, même les couleurs des habits qu'ils doit s'habiller doivent être décidées pour lui, alors il s'il s'agit seulement d'une image qui continuait à faire l'atelier de la souffrance pour ces siens.

Dans les pays d'accueils, nous avons vu même nous produire de président qui sont venus dans les immigrants pour nous séduire, mais sa présence n'a pas empêcher que les policiers tuent les immigrants sans qu'ils soient punis parce qu'ils sont seulement blancs ces policiers, nous avons vu son absence dans son pays d'origine, souffrance, guerre, misère, terrorisme, alors qu'il dirigeait le monde, il n'a pas décidé bonheur pour ces ancêtres car sa politique était déjà, il exécutait une route établit pour lui, même l'église de sa prière était défini pour lui, même la femme de son mariage était choisie pour lui, il faisait la mission de construire la sympathie pour mater les immigrants, alors que tués, humiliés, marginalisés, je ne trouvais pas le souci, il fallait toujours me mettre au travail pour racheter mon identité, faire l'image de ma famille, l'image de l'avenir de mon clan.

Il fallait définir même la politique de gouvernance dans mon pays d'origine, il faut faire monter les individus qui vont permettre que les pays d'accueils continuent à exploiter nos pays et nous pousser à la migration, il fallait autoriser même les usines qui vont se construire, les industries d'alcools, les industries de drogue, mais pour les industries de la technologie, les acteurs politiques sont prédéfinies par les pays d'accueils, alors, nous ne pouvons pas faire sortir une stratégie qui nous permet de sortir dans notre souffrance, nous avons été humilié dans le deux sens.

Utilisé comme outil de plaisir dans les bordelles, les suprématies des personnes de pays d'accueils, ces citoyens décidaient de prendre les femmes immigrants pour leurs faire danser nues afin qu'elles rendent plaisir aux nobles qui passaient dans ces bordelles, ces femmes immigrantes payées au prix de singe n'avait pas à faire car la survie de leurs familles laissées dans leurs pays d'origines dépendaient d'eux, il faut payer les frais de scolarité pour les frères laissés au pays, les habitations, la survie et la considération de la famille.

Les autres hommes ou femmes étaient utilisés pour la sexualité afin de donner plaisir aux riches Bourgois, qu'elles n'avaient pas les droits de parler ni ne présenter les doléances de fatigues, utilisées comme des machines de plaisir, elles bafouaient leurs cultures, elles faisaient n'importe quoi, films pornographiques, utilisées pour satisfaire à distance, elles étaient filmées sans leurs consentement pour obtenir une survie, construire un honneur pour leurs familles.

Dans cette outillage de plaisir, plusieurs blancs ne payaient même pas la factures de plaisir qu'ils trouvaient dans ces femmes, les autres les tuaient même après qu'ils aient satisfait leurs boulimies, ils pouvaient même trouvée les plaisir de les arrêtées pour raison de dire que ces femmes les tentaient à la pudeur, les autres disaient que les hommes les conduisaient à l'homosexualité, alors que l'homosexualité est une forme de plaisir qui est venu de l'occident, au pire, s'il s'agit d'une grossesse que cette femme a obtenu, alors, un bain de sang se produisait, les Bourgois cherchaient toujours à faire disparaitre la femme et l'enfant car produire un enfant avec un immigrant est un déshonneur qu'il ne faut pas assumer, de cette considération de la honte que les immigrants subissaient, alors toujours la lutte était d'obtenir ce qui va permettre la famille à vivre, à trouver la considération dans le pays d'origine.

Dans cette luxure que la suprématie de pays d'accueils vivaient, les autres pouvaient me acheter les immigrants qui vont soit danser nue devant ses enfants, les autres pouvaient être utilisés pour une expérimentation médicale, les autres vendaient leurs organes pour donner la vie à leurs familles, vouloir construire un bouclier pour leurs familles, cette situation traduisait la sauvagerie humaine dans laquelle les immigrants vivaient, les atrocités à leurs égard restait toujours une peine qu'ils rencontraient dans les pays d'accueils, la plus part souhaitait garder l'honneur qu'ils avaient dans leurs pays d'origines avant qu'ils décidaient de migrer, mais il ne fallait pas échouer, il fallait toujours apporter une solution, une survie à sa famille, changer la strate pour sa famille et construire son avenir.

La valeur humaine n'était plus pris en compte, le développement de la suprématie basée à la fortune n'était plus seulement un serment de pays sous-développés, mais aussi dans les pays dont les écoles de la civilisation se chantaient, la disparition de la valeur humaine était la vie que les immigrants vivaient chaque jour malgré le rang qu'ils auraient dans les pays d'accueils, la considération était toujours avec un rejet, dans la recherche de criminel, il fallait commencer avec les citoyens immigrants, les idéaux de Victor Hugo et tous les autres qui auraient construit les fondamentaux de l'humanisme ont péri par la promotion de la suprématie économique et la disparition de la valeur humine.

La valeur humaine, l'honneur de l'être n'était pas aussi dans nos pays d'accueils, dans nos eldorados, nous n'avons pas rencontré la considération, aussi le capital, l'avoir était l'indication de la relation, de la consultation, du respect, mais la valeur éthique, la valeur de la considération de son apport ne pouvait être pris qu'avec l'avoir que dispose l'être, mais de sa valeur de création, de son existence, de son savoir-faire, de son application sociale et de l'humanisme ne vivaient plus aussi dans les zones de notre immigration, il fallait aller chercher plus loin de notre univers la considération humaine et l'humanisme.

Chapitre quatrième : la honte du pays d'accueil

Traité comme le bourreaux à cause de mes origines, humiliés dans les places publiques, vendus au prix de singe, considéré comme l'auteur du mal, vu comme le porteur du chômage, alors qu'utilisé comme militaire dans les conflits, bouleversé par la suprématie, envoyé pour tuer les miens pour conquérir une identité que vous ne m'accepterait jamais car tué dans la rue par la police à cause de ma couleur, de mes origines, je ne savais pas renoncer, je dois toujours faire plus pour trouver le minimum de la considération, je dois travailler plus que tout le monde pour mériter ma place, je dois travailler deux fois pour obtenir ce que les autres obtiennent facilement, je dois travailler plus pour raison de mon sexe pour mériter ma place, la construction de ma considération doit être prouver par mon travail.

Dans la construction de la richesse, nous avons tous été des immigrants, les uns venus par esclavagisme pour construire l'économie de ces pays de la suprématie, les autres venus pour fructifier leurs industries, nous avons tous pris les armes pour réclamer l'indépendance, nous avons tous perdus nos proches pour l'honneur et la grandeur du pays, mais aujourd'hui considéré comme la race sans valeurs, la race à exterminer, tué par la police pour raison de mes origines, écarté du programme éducatif à cause de mes origines, traités vendeurs de drogues à cause de mes origines, considérée comme terroriste à cause de ma manière de prier, mais toujours luttant pour ma considération.

Vendus pour l'industrie, je ne trouvais pas la joie que dans les blouses que je chatais, je n'avais pas une considération, alors qu'acteur dans l'armée, je voyais ma personne interdit d'entrer dans les restaurants de personnes que je partais défendre, alors que blessé de la guerre pour défendre mon pays de migration, j'ai vu mes concitoyens me traitaient d'un étrangers, mes efforts non pris en compte dans la promotion au sein de l'arme, alors que tous victimes de tirs nourris, j'ai vu mes supérieurs que j'acceptais de prendre les balles pour défendre me lâcher comme bouclier de la guerre chez l'ennemi, alors que j'apportais les victoires pour l'équipe national de mon pays, j'ai vu les jours à venir être traité d'un terroriste à cause de ma prière, je ne savais pas comprendre ma destination, ma nouvelle identité, humilié, ruiné, je ne pouvais pas renoncé, car il fallait construire ma strate d'origine, ma famille et repeindre mon existence.

Alors qu'effrayée par les épidémies, la situation de ma route de voyage, caractérisée par les tortures, les exploitations sexuelles, arrivée à mon pays de destination, malgré que la journée ils dansaient ma musique, le soir je suis tué par la police me traitant de vendeur de drogue à cause de ma peau, malgré mes exploits la journée pour les victoires de basketball, le soir tué que je suis un meurtrier à cause de mes origines, malgré ma contribution à l'économie par les efforts intellectuels et financiers, le soir je suis tué à cause de ma couleur.

L'égoïsme qui activait cette haine était basée sur une idéologie capitaliste, protégé les emplois de nationaux, alors qu'ils enseignaient que la croissance économique est une animation de l'épargne, du travail et de la technologie, mais malgré mes origines j'avais aussi une épargne, arrivée aussi j'en constituerais une épargne, méprisé alors que j'apporte mon savoir-faire dans le travail de la production, je contribuais dans les sports, dans la musiques, dans l'industrie, ma main était dans tous les secteurs de la vie économique, je trouvais aussi un savoir technologique, dans les innovations et savoir ma couleur aussi apparaissait, je ne trouvais pas la raison de ma liquidation, seulement l'absence de la tolérance de la diversité, la crainte de mon adaptation à tout environnement.

Cette promotion de l'égoïsme a mis à l'avant l'idéologie de la protection de l'opinion économique au détriment de l'humanisme, ruinant tout espoir de la cohésion sociale, absence de la construction de l'humanisme, de l'espoir de la mobilité de la construction de la structure de socialisation humaine, la naissance du terrorisme est venu prévaloir les insatisfactions que la division avait oint, les revendications qui étaient faites tournées pour les identités religieuses, les identités de couleurs, chaque seigneurs plantaient son image en incarnant une franche de frustration, la division a fait que même l'amour nation que je construisais disparaissait, absence de la route de la solidarité et de l'espoir de cohabitation pacifique.

L'absence de la satisfaction de la population a conduit à des multiples formes de manifestations, certaines étaient pour montrer le problème apporté par les migrants, certains qui s'appelaient conservateurs, ils se révoltaient pour dire qu'il fallait faire disparaitre les immigrants pour les permettre la prospérité, une autre idéologie qui naissait faisait construire sa revendication sur la religion, ils tuaient, ils brulaient pour montrer son désaccords avec la répartition de la richesse nationale, ils estimaient que la situation de leurs pays étaient due à la boulimie des pays occidentaux, les autres qui fondaient leurs revendications sur la couleurs de leurs peaux, les morts se dénombraient en million, nous avons observé à la disparition de l'humanisme.

Pour raison de la construction de l'avenir, il faut faire une construction de la solidarité, il faut une naissance d'une philosophie nouvelle, les grandes organisations et entreprises qui trouvaient dans cette injustice basée à l'origine, à la couleur de peau, elles cherchaient à construire une publicité basée à notre souffrance, à notre marginalisation, les images publicitaires portées déjà sur la catégorie de notre composition, sur notre image, notre personne, hoo, nous sommes devenues de fonds de commerce, nous sommes devenues des outils de publicité à cause de notre souffrance, notre origine, la misère de notre identité, après que nous soyons utilisés comme des outils de plaisir, nos outils de satisfaction sexuelle, nous avons été transformés à des constitutions de vente et de publicité.

Alors que nous ne pourrions pas obtenir un emploi au sein de ces entreprises, mais lors de notre mort, lors de notre marginalisation, ces entreprises prenaient notre image pour en faire un fonds de commerce, une considération liée au gain qu'elles pouvaient obtenir à raison de notre souffrance, notre misère, notre souffrance, nous avons construit une richesse, une richesse que les autres tiraient sur notre souffrance, notre impuissance, notre marginalité, notre identité de souffrance, notre impuissance de transformer notre identité d'origine.

La sincérité de l'homme, du droit d'existence, de la fiabilité de l'application de la théorie de la civilisation, de la prise en compte de l'humanisme, de la composition de l'être et ses valeurs qui doivent faire la fierté de chacun, la tolérance et la sociabilité de la promotion.

Dans cette foret de discrimination, dans cette foret de la suprématie qui s'affichait, je ne trouve pas une capacité de la transcription de l'idéal qu'il nous chantaient, alors que nos ancêtres étaient tués pour leurs guerres loin de nos identités, ils n'ont pas pris soin de donner même aux fils de ces soldats immigrants l'héritage de leurs pères, ils ont tués nos ancêtres, ils ont bu leurs sangs et ils ont mangé leurs sœurs, de cette sueur qu'ils ont des usines aujourd'hui, qu'ils sont devenus puissances, qu'ils ont un train de vie élevé, ils sont aussi lâches parce qu'ils ne reconnaissent pas qu'ils ont bénéficié d'une main d'œuvre noire pour faire leurs industries, qu'ils ont eu du pétrole arabe pour les fonctionnement de leurs usines, ils sont lâches parce qu'ils veulent efface l'histoire qui traduit leurs dépendances, ils ont peur d'admettre qu'ils ne sont pas venu apprendre à prier mais à piller les ressources de pays colonisés, ils ont peur d'admettre qu'ils ne peuvent pas survivre sans la contribution des immigrants, ils ont peur de faire preuve de la volonté d'admettre leurs échecs, ils ont fait les objectifs de millénaires, ça n'a pas marché, ils ont fait les objectifs de développement, ça n'a pas marché, ils ont fait le programme d'ajustement structurel, ça n'a pas marché, ils ont fait les programmes de la démocratisation, ça n'a pas marché, mais ils ne veulent pas s'assumer, ils veulent toujours chercher quelqu'un à qui faire porter ces échecs, il s'agit de l'immigrant.

Dans les millions de fois, ils ont fait des édifices, mais ces édifices qu'ils mettaient sur les monument voulaient toujours faire croire qu'ils sont inventaire de l'avenir, alors qu'ils ont appris en Egypte à construire, à gouverner, à faire la guerre, mais ils ont comploté pour cacher la vérité, mais s'ils peuvent s'assumer et dire la vérité à leurs fils et filles, ils auraient donné un jalon de départ, une fondation à l'idéal, ils ne peuvent pas le faire, ils ont écroulé les façades qu'ils ont construites, ils auraient fait un départ, ils vivent toujours dans la honte, car quand ils fouillaient à défendre leurs territoires, ils ont fait recours à l'immigrant pour défense, alors qu'ils ne savaient plus faire face aux réchauffements climatique, ils faut faire recours aux immigrants pour la réduction de l'exploitation de foret, ils ne savaient plus écarté des immigrants dans leurs équipes de footballs, les immigrants s'imposaient aussi dans leurs centres de recherches, alors qu'ils ne pouvaient plus les empêchaient à paraitre dans la littérature, ils étaient aussi plus nombreux dans les salles pour la musiques et les théâtres.

Pillant les ressources, transférant leurs chômage dans les pays du Sud, ils sont auteurs de cette immigration, pour réparer leurs fautes, ils créent les groupes d'extrémistes à causes des écarts de niveau de vie, par une souffrance extrême qu'ils imposent aux autres peuples, alors le terrorisme né, pour combattre ces terrorismes, ils vendent les armes à ces terroristes, pour finalité, il y a une violence et un extrémisme.

Construisant une discrimination entre les races, entre les cultures, les religions, les localisations, cette discrimination naquit les groupes armés, groupes d'extrémistes qui n'avaient plus d'humanisme, dans cette composition, les scènes de morts dans les salles de classes, les assassinats dans les restaurants, les crimes dans les hôpitaux, les massacres dans les villes car les écarts de vie ont vendu la conscience de la civilisation, la promotion de la violence.

Chapitre cinquième : le désir d'aujourd'hui

Humilié par les passés, ma souffrance mis en exergue par les images de la suprématie mis aux carrefours et aux places publiques, chanté comme un vulnérable, alors que les minerais qui rendaient riche cette suprématie venaient sur le sang de mes proches et mes identitaires, absorbé par le chagrin, expulsé alors que contributeurs dans tous les secteurs de la vie sociale de mon pays d'accueil, exposé aux maladies qui ont échappé à l'expérimentation de cette suprématie d'accueil, mourant avec la faim à cause des engrains chimique initiés par cette suprématie, il ne restait que la voie de la revendication, la voie de la manifestation, malgré que ma voix ne touchait pas le passage de mes bourreaux.

Dans cette voix de la revendication, nous avons chanté la souffrance, nous avons écrit nos marginalisations, nous avons montré les assassinats commandités par les autorités pour montrer la moindre valeur que nous représentions, nous avons dansé pour faire parvenir nos souffrances à tout le monde, nous avons présenté les signes d'indignation dans le terrain de football pour montrer la xénophobie à laquelle nous sommes soumis au quotidien, la segmentation qui dessine notre souffrance dans nos milieux de travail, nous avons perdu toute valeur humaine, nous avons été transformé à des outils par nos Co humains, nous avons construit les œuvres artistiques pour montrer la souffrance qui a duré plus de deux millénaires, nous avons même accepté de mourir dans les manifestation pour qu'il naisse la prise de conscience.

De cette souffrance est née une prise de conscience de vouloir briser le passé, naitre de nouveau avec objectif de faire parvenir un espoir, construire une nouvelle image de l'immigration, faire sortir dans les tiroirs la réouverture de l'humanité et de notre planète, construire la valeur de l'immigrant, faire parvenir la pensée de la gloire de l'humanisme au monde entier, faire disparaitre les images de blessures des hommes qui ont fait circuler l'image marginale de l'immigrant, cette mort de la conscience qui trouvait que l'immigrant est un parasite, l'immigrant est un ferveur pour la suprématie, cette mort qui nous ruinait non seulement aux présent mais qui restait un fardeau pour la génération future.

Cette lutte nait par le sang de Gorges F, qui avez trouvé la mort à cause de sa couleur, mort à cause de ses origines, cette mort avait fait gicler les sangs versé pour raison d'origine, les morts de la plus part de personnes tuées à cause de leurs origines ont été remises à la face, la mort moins pensée seulement à cause des origines, un mouvement de la revendication pour montrer les souffrances de l'immigrant, la souffrance de la route de l'immigration, les manifestations multidimensionnelles portant sur l'expansion de la xénophobie, de la mort liée aux origines, de la manifestation en manifestation, pour maquiller cette marginalisation, nous avons vu même certains pays qui ont restitué les cranes des massacrés de l'indépendances sans restitués les minerais et richesses qu'ils ont obtenus avec la colonisation, les guerres qu'ils ont gagné qui n'étaient pas payées et les assassinats qu'ils ont commandités qu'ils n'ont pas donné valeurs et dommages pour les victimes de cette colonisation.

Pour parvenir à faire l'affichage de la solidarité, certaines entreprises affichaient les images de ma souffrance pour qu'ils obtiennent les marchés dans les zones de mon origine, pour qu'elles montrent qu'elles n' étaient pas complices de la souffrance que les Pays d'accueils m'imposaient, qu'elles étaient solidaires envers moi, alors qu'elles étaient les premières à sous-traiter mon travail, alors que je travaillais sans salaire à cause de leurs justices qui donnait avantage à leurs ressortissant, mon travail n'était pas accepté à sa valeur, les marginalisations liées à ma couleur, les prises en otage de mon travail par les personnes qui étaient des enseignants du droit de l'homme, ceux qui faisait le droit du travail nous voyaient aussi sous l'utilisation comme des outils de production, mais pour gagner leurs économies, ils nous soumettaient à des conditions qui ne nous permettaient pas de faire de réclamation devant la justice.

Devant leurs justices, je perdais d'avance car je n'avais pas les papiers qui mon autorisait d'obtenir le travail, les démarches d'obtenir les papiers pour faire le travail dans la légalité se faisait que quand ceux sont eux qui trouvent les besoins de nous utiliser dans les situations de crises, mais si je disposais ces papiers, la justice était toujours penchée vers les originaires, ce qui faisait qu'à chaque action entre mener, alors je me trouvais toujours victime de la situation économique de ma strate, je me trouve toujours malade de ma strate, mes origines et ma couleurs.

Malgré les mouvements montrant aussi que le noir à droit à la vie, il peut aussi circuler sans qu'il soit criminel, les mouvements montrant que les immigrants aussi ont droit à la dignité, la suprématie blanche restait toujours à la resistance, les musées qui continuaient à montrer que les noirs étaient les être qui nécessitent l'assistance, qu'ils ne peuvent pas se prendre en charge, il faut toujours les orienter, les montrer la vie, le chemin, les enseigner à tout faire, les informer car ils ne peuvent rien d'eux-mêmes, alors que dans leurs centres d'étude, ils vivent la contribution importante des noirs sur la survie de l'humanité, humilié même à cause de ma taille dans les églises et écoles, dans l'église où certains croyaient que ma prière ne peut pas être comprise à cause de ma couleur, ma prière ne peut pas avoir la valeur devant les yeux de Dieu à cause de ma couleur, ils enrichissait en disant que Dieu ne me bénit pas à cause de ma couleur, raison de ma situation, mais ils oubliaient qu'ils sont venus m'apprendre à prier, alors comment ils peuvent m'enseigner à prier alors qu'ils connaissent que Dieu qu'ils m'ont enseigné ne peut pas comprendre ma prière à cause de ma couleur, j'ai compris qu'ils voulaient m'éloigner de ma conviction avec Dieu.

Pour l'éducation, ils disaient que je ne peux pas assimiler à cause de ma couleur, mais ils oubliaient que ma couleur était déjà dans presque toute les inventions, ils oubliaient que dans les salles de la transmissions de la connaissance, je sortais toujours parmi les meilleurs, je sortais toujours avec une considération de la connaissance, je trouvais toujours la solution pour les problèmes complexes de la formation, je trouvais toujours le moyens de faire une place, pour mériter une place, il faudrait que je fasse plus de quatre fois qu'eux, pour construire un chemin, il faudrait que j'ai plus de capacité qu'eux, il fallait confirmer que je pouvais aussi faire partie de la place qu'il estime m'accorder avec la charité.

Pour conserver ma place, il fallait que je présente plus d'acidité au travail, chaque faute qui pouvait surgir dans mon service, il fallait d'abord vérifier s'il ne s'agit pas de moi que la faute s'est produite, il fallait vérifier si je ne suis pas l'auteur indirecte de la cause de l'erreur qui se produite, il fallait montrer mes capacités quatre fois que les autres, il fallait faire preuve de distinction plus que les autres, il fallait prouver qu'il avait pas de reproche dans mon travail, il fallait faire montrer à chaque instant de mon application.

Pour construire une hypocrisie disant qu'ils reconnaissent notre valeur, ils ont autorisé même que certaines rues soient peintes aux couleurs de notre sang, que certaines rues portent les noms de nos frères qui ont été tués injustement, alors que leurs bourreaux étant seulement blancs continuaient à manger et boire notre souffrance, alors qu'ils continuaient à profiter de notre misère, alors qu'ils continuer à nous massacrer dans la rue, ils continuaient à nous accuser de faire les commerces illicites, alors qu'ils continuaient à nous traiter des criminels, ils ne cessait pas à utiliser nos images pour la publicité de leurs produits, alors qu'ils continuaient à nous faire mourir, ils continuaient à nous utiliser comme des esclaves sexuels, nous avons toujours étaient dans les guerres pour les protéger, protéger leurs intérêts, protéger leurs business et occasionner la souffrance de nos concitoyens, nous avons été commanditaire de la souffrance de nos catégories, nous avons été victime de la souffrance qui nous faisait fuir, nous avons été auteur par notre implication auteur de la guerre tuant nos frères dans les pays de nos origines.

Alors que nous sommes aussi utilisé pour obtenir leurs matières premières dans les zones de risques pour leurs industries, mais ils nous factures forfaitairement pour les produits que ces matières premières ont produit, alors qu'ils viennent polluer notre environnement avec les industries qui ne sont pas accepté dans leurs zones pour consommation, ils nous appellent à la soumission pour mourir de cette maladie, ils ne nous accordent même pas le soin de santé, alors qu'ils nous critiquent pour la corruption, mais ils corrompent nos gouvernants pour exploiter nos matières premières, ils nous parlent de la bonne gouvernance, mais ils n'ont jamais respecté les termes d'engagement de pollueur payeur.

Réduit aux silences par les hommes politiques qui nous utilisent comme outils de leurs propagandes politiques, ils signent des accords pour séduire nos semblables dans leurs pays en faisant des placards pour dire qu'ils ont une solution pour notre migration, des accords des marchés signés pour nous faire croire que nous sommes leurs préoccupation, alors qu'en réalité, ils nous ont transformé en fonds de commerce, ils nous ont transformé en vulnérable incalculable, ils nous ont fait une caisse marchandage, nous sommes devenus des outils de propagandes politiques à cause de nos origines, nos couleurs et nous ne pouvons parler que quand nous avons tout perdu, nous avons perdu dignité et considération, nous sommes devenus les objets d'expertises, nous sommes devenus de sujets de tests de nouvelles idéologies politiques, nous sommes devenus pour toute humanité un dérangement, alors que la prédiction de la solidarité se chantait, nous sommes devenus les destructeurs du monde, nous sommes traités comme le problème de l'avenir de l'humanité, alors que nous sommes les apporteurs d'une part de contribution, notre gloire n'a jamais été inscrites sur les cahiers de humanité.

Conclusion

un être est toujours bon chez lui, certains citoyens sont appelé à l'exil à cause de condition chez eux, les autres trouvent que leurs parents auraient décidé de quitter leurs origines avant leurs naissances, pas qu'ils sont contre leurs parents, pas non plus qu'ils haïssent leurs origines, mais parce qu'ils n'ont pas trouver là la joie qu'ils voulaient vivre, alors ils partent voir comment ça fonctionnent chez les voisins, comment trouver ce qu'ils cherchent chez les voisins, alors la migration aussi est une motivation de vouloir découvrir le voisin, mais souvent les déceptions sont plus nombreuses que les satisfactions, pourtant, nous avons de la migration chaque jour, souvent ils choisissent les moindres mots, alors la migration n'est pas une joie de migrant, pas non plus un signe de paresse, pas non plus un signe de désespoir, mais une expression de dire que si vous continuer à détruire chez nous, nous allons venir vivre nous tous là où vous avez conservez la vie, nous n'avons pas à perdre, nous pouvons tout perdre et aller faire de nouveau.

Construire la stabilité s'agirait de s'occuper avec les causes et non faire illusion de la mort et de la prédiction de croire que les auteurs de la migration peuvent soigner cette migration, si la gouvernance est la cause de la migration, donc les gouvernants ne peuvent plus apporter la solution à cette migration, mais plutôt faire de sorte que la discussion de la migration soit discuter par la population migrante, car cette population se trouve dans la jeunesse de l'Europe, dans la jeunesse de l'Amérique, dans la jeunesse de l'Asie, dans la jeunesse de l'Australie, dans la jeunesse de l'Afrique.

Pour construire la stabilité de cette jeunesse, la gouvernance devait être revisitée à l'Europe, en Amérique, en Afrique, en Asie et partout au monde pour garantir le bien être à tout le monde et non l'expérience qui accentue cette immigration et construit la capacité de faire parvenir un avenir meilleur pour les plus jeunes aussi mis à l'écart.

Printed by Books on Demand GmbH, Norderstedt / Germany